एथनिक फैशन 3X ग्रोथ

दोस्त फ्रेमवर्क :
आज के दौर का असरदार बिज़नेस प्लान

एथनिक फैशन 3X ग्रोथ

दोस्त फ्रेमवर्क :
आज के दौर का असरदार बिज़नेस प्लान

नवीन मकरानी
नरेन्द्र मकरानी

Worldwide Published by
Pendown Press

PENDOWN PRESS
An ISO 9001 & ISO 14001 Certified Co.,
Regd. Office: 2525/193, 1st Floor, Onkar Nagar-A,
Tri Nagar, Delhi-110035
Ph.: 09350849407, 09312235086
E-mail: info@pendownpress.com
Branch Office: 1A/2A, 20, Hari Sadan, Ansari Road,
Daryaganj, New Delhi-110002
Ph.: 011-45794768
Website: PendownPress.com

First Edition: 2023
Price: ₹ 399/-
ISBN: 978-93-6338-126-1

Layout and Cover Designed by Pendown Graphics Team
Printed and Bound in India by Thomson Press India Ltd.

हमारे उन सभी भाइयों के नाम जो एथनिक रिटेल इंडस्ट्री में हैं, जो हमारे इस समुदाय के गुमनाम हीरो हैं। आप जिस प्यार से हमारी भारतीय संस्कृति और परम्पराओं को सँभालते आए हैं, वो अनमोल है। यह किताब आपके अनथक प्रयासों के लिए एक छोटा सा सम्मान है।

इस यात्रा से हमारे रिश्ते और मजबूत हों और हमें याद दिलाए कि साथ मिलकर हम सपनों को सच कर सकते हैं।

अनुक्रमणिका

प्रस्तावना

फैशन उद्योग में, जहां ट्रेंड्स आते-जाते हैं, एक ऐसा ब्रांड बनाना जो समय की कसौटी पर खरा उतरे, एक अद्‌भुत उपलब्धि है। इस बात का जीता जागता उदाहरण है - तेजू फैशन्स। ये किताब तेजू फैशन्स के प्रेरणादायक सफर की कहानी है, जो एक छोटी सी कपड़े की दुकान से शुरू होकर एक ऐसे ब्रांड में बदल गया, जो हर घर में जाना जाता है और भरोसे का पर्याय है।

इस किताब में आपको सिर्फ बिजनेस की रणनीतियां ही नहीं, बल्कि उनके पीछे का जज्बा और मेहनत भी देखने को मिलेगी। यह दो भाइयों की कहानी है, जो अपने काम के लिए पूरी तरह समर्पित हैं और एक ऐसी विरासत खड़ी करना चाहते हैं जो हमेशा याद की जाए। ये किताब बताती है कि कैसे उन्होंने टेक्नोलॉजी का सहारा लिया, मुश्किलों का सामना किया और अपने बिजनेस को आगे बढ़ाने के लिए रिश्तों को मजबूत बनाया।

यह किताब उन सभी लोगों के लिए बहुत उपयोगी है जो अपना खुद का बिजनेस शुरू करना चाहते हैं या फिर व्यापार की इस चंचल दुनिया को समझना चाहते हैं। ये किताब एक रोडमैप है जो आपको व्यावहारिक राय, असल जिंदगी के अनुभव और हमेशा

काम आने वाले सिद्धांतों से भरपूर रास्ता दिखाती है। लेकिन इससे भी ज्यादा ये आपको कुछ करने के लिए प्रेरित करती है - ये याद दिलाती है कि लगन, दृष्टि और एक मजबूत टीम के साथ आप अपने सबसे बड़े सपने को भी पूरा कर सकते हैं।

आप चाहे एक अनुभवी बिजनेस लीडर हों या फिर अभी शुरुआत कर रहे हों, मैं आप सभी को तेजू फैशन्स की कहानी पढ़ने के लिए आमंत्रित करता हूं। ये एक ऐसी कहानी है जो आपको बहुत कुछ सिखाती है, आपको प्रेरित करने वाले किस्से बताती है और एक महत्वपूर्ण संदेश देती है: सफलता जुनून, लगन और अपने ग्राहकों से जुड़ने की सच्ची इच्छा की नींव पर ही बनती है। तो अब पन्ना पलटिए और इस प्रेरणादायक सफर पर निकल जाइए। हो सकता है कि इस कहानी में वो आवेश हो जो आपके अंदर के उद्यमी को जगा दे।

सादर

नवीन एवं नरेन्द्र मकरानी

आभार

हमारे माता-पिता, श्री लक्ष्मीचंद मकरानी एवं श्रीमती किरन मकरानी, हमारे सबसे बड़े आदर्श। आपके अटूट प्यार, मार्गदर्शन और संस्कारों ने ही हमे आज इस मुकाम तक पहुंचाया है। आपका बहुत-बहुत धन्यवाद।

हमारे घर की देवियां, हमारी पत्नियां आप हर मायने में हमारी साथी हैं। जब हम अपने सपने को पूरा कर रहे थे, तब उन्होंने ही हमारे परिवार को सुचारू रूप से चलाया। उनके समर्थन और प्यार का हमारे लिए बहुत महत्व है। आपका तहे दिल से शुक्रिया।

हमारे बच्चे, हमारी खुशी और प्रेरणा का स्रोत हैं। ढेर सारा प्यार बच्चों!

तेजू फैशन्स की हमारी टीम हमारा सहारा, हमारा मार्गदर्शन और हमारे दोस्त रहे हैं। हम पर विश्वास करने और इस यात्रा में साथ देने के लिए धन्यवाद।

हमारे ग्राहकों को, जिन्होंने अपने अनुभव और ज्ञान को हमारे साथ साझा किया - इस किताब को लिखने के लिए हम पर भरोसा

करने और हमें प्रेरित करने के लिए धन्यवाद।

और इस ब्रह्मांड का धन्यवाद, जिसने हमें इस किताब को पूरा करने का विचार, प्रेरणा और ध्यान दिया। हर कदम पर हमें प्यार, समर्थन और मार्गदर्शन से घेरने के लिए धन्यवाद।

अंत में, उन सभी अपनों को धन्यवाद जो इस यात्रा में हमारे साथ रहे हैं - आपके अटूट समर्थन, प्रोत्साहन और प्यार के लिए धन्यवाद। भले ही आपके नाम का उल्लेख न किया गया हो, लेकिन आप हमेशा हमारे दिल में रहेंगे।

जान-पहचान

हमारे बारे में

सगे भाइयों और बिज़नेस पार्टनर्स के रूप में, हम, नवीन और नरेन्द्र मकरानी, गर्व से तेजू फैशन्स का नेतृत्व करते हैं।

तेजू फैशन्स, एथनिक रिटेल मार्केट में एक प्रसिद्ध नाम है, जो सबसे बड़े एथनिक वियर हब, चहल-पहल वाले चांदनी चौक, दिल्ली में स्थित है।

एक छोटी सी दुकान से लेकर आज के एक सफल, फलते-फूलते बिजनेस तक, तेजू फैशन का सफर कमाल का रहा है! 1964 से ही हम मार्केट में छाए हुए हैं। 1980 में श्री लखमी चंद जी ने अनस्टिच्ड सूट (बिना सिले कपड़ों) के भविष्य को पहले ही भांप लिया था और इसलिए 1980 में मीटर के हिसाब से कपड़े न बेचकर अनस्टिच्ड 3 पीस सूट बेचने लगे।

तब से तेजू फैशन ने कभी पीछे मुड़कर नहीं देखा और आज तक यह निरंतर तरक्की कर रहा है। पिछले 23 सालों में हमने जी-जान लगाकर मेहनत की है और ये बिजनेस खड़ा किया है। ये लगन, नयापन और बेहतरीन कपड़ों के वादे का ही कमाल है जिसकी वजह से हम आज इतने सफल हैं।

1998 में हम इस कारोबार में उन कुछ चुनिंदा लोगों में से थे जिन्होंने अपना ब्रांड नाम रजिस्टर करवाया था। ये एक दूरदृष्टि वाला फैसला था जिसने आज हम जिन बुलंदियों पर हैं उसकी नींव रखी।

नरेंद्र (जीतू) को टेक्नोलॉजी की अच्छी समझ थी जिसकी मदद से उन्होंने 2006 में बारकोड आधारित मूल्य निर्धारण प्रणाली लाने के लिए कड़ी मेहनत की। उस समय ये इंडस्ट्री में बिल्कुल नया था, पर आज देखिए ये आम बात हो गई है!

हमारा कारोबारी सफर आसान नहीं रहा। हमारे बड़ों ने जो ब्रांड बनाया, उसे आगे ले जाने की ज़िम्मेदारी हमारे कंधों पर थी। शुरुआती दिनों में कड़ी प्रतिस्पर्धा और बदलती मार्केट मांग का सामना करने से लेकर आज तक, जहां तेजू फैशन भरोसे और बेहतरीन चीजों का दूसरा नाम बन चुका है, ये रास्ता चुनौतीपूर्ण जरूर रहा है, लेकिन साथ ही बहुत संतोषजनक और सिखाने वाला भी रहा है।

इस किताब में, हम उन नुस्खों और रणनीतियों को आपके साथ बाँटना चाहते हैं जिन्हें हमने सालों-साल सीखा है। ये न सिर्फ तेजू फैशन को टिकाए रखने में मददगार रहीं, बल्कि ब्रांड के रूप में तेजी से बढ़ने में भी सहयोगी रहीं। हमारी सफलता का श्रेय हम अपनी अद्‌भुत टीम को देते हैं जिन्होंने हमारी इस यात्रा में हर कदम पर हमारा साथ दिया। साथ ही, अपने उन वफादार ग्राहकों और भरोसेमंद डीलरों को भी धन्यवाद देते हैं जो हर

मुश्किल दौर में हमारे साथ खड़े रहे और आज हमें सफलता के इस मुकाम तक पहुँचाने में अहम भूमिका निभाई।

हम सबने मिलकर एक ऐसा ब्रांड बनाया है जो सप्लायर और ग्राहकों के बीच की दूरी को कम करता है और उनके बीच एक पुल बनता है और साथ ही बेजोड़ मूल्य और सेवा प्रदान करता है। ये किताब उन सभी लोगों को समर्पित है जो सफलता की राह पर तेजी से आगे बढ़ना चाहते हैं और अपने कारोबार में तीन गुना तरक्की लाना चाहते हैं।

इस किताब को आपके साथ साझा करने का मकसद...

भारतीय महिलाओं के पारंपरिक कपड़ों का कारोबार कई पीढ़ियों से चला आ रहा है, और बदलते वक्त के साथ तेजी से बदल रहा है। ये बदलाव इस कारोबार से जुड़े हर किसी को प्रभावित कर रहे हैं, चाहे वो ग्राहक हों, रिटेलर हों, एजेंसी हों या सप्लायर हों - हम सभी पर इसका असर पड़ रहा है।

समय बदल रहा है, तो कारोबार के तरीके भी बदल रहे हैं। ग्राहकों की जरूरतें भी बदल रही हैं। अब ग्राहक टिकाऊ और उनकी पसंद के मुताबिक बने कपड़े ढूंढ रहे हैं। इस वजह से हमें नये-नये तरीके अपनाने होंगे और अपने उत्पादों में बदलाव लाना होगा ताकि आज के ग्राहक की ज़रूरतें पूरी हो सकें।

उद्योग के कुछ दोस्तों के साथ मिलकर हमने जब बिजनेस को आगे बढ़ाने के तरीकों पर बातचीत की, तो हमें कई तरह के सुझाव मिले... जैसे:

- 3 गुना ग्रोथ का मतलब क्या है?
- किसकी ग्रोथ...? एजेंट की... बिजनेस पार्टनर की...
- दोस्त तरक्की कब होगी?
- जब आपके पास अच्छा सप्लायर, अच्छा ग्राहक और अच्छा प्रोसेस/सिस्टम होगा

कुछ इस तरह के रिएक्शन भी आए...

तीन गुना ग्रोथ? ये क्या होती है?

इसको छोड़ो!

पहले रोज़ की चिक-चिक से तो निपट लें!

कौन सी चिक-चिक...?

ना सप्लायर संतुष्ट है!

ना कस्टमर को खुशी है!

तो मुझे संतुष्टि कैसे होगी?

बात तो सही है, अगर हम इन सवालों का जवाब निकाल लेते हैं

तो ग्रोथ का रास्ता खुल जाएगा...

अब देखते हैं चुनौतियाँ क्या हैं... किसके हैं...

ग्राहक के... सप्लायर के... और मेरे

चलो सब चुनौतियों का पता लगाते हैं और रास्ता निकालते हैं...

इस किताब को कैसे पढ़ें

ये सिर्फ एक किताब नहीं है, बल्कि एक वर्कबुक और प्रैक्टिकल गाइड है। इसमें आपको आपके बिजनेस को तीन गुना बढ़ाने से संबंधित कुछ ज़रूरी कदमों को बताया गया है जिनकी मदद से आप ऐसा हासिल कर सकते हैं।

इस किताब में आपको बहुमूल्य जानकारी और कारगर रणनीतियां मिलेंगी जो हर कदम पर आपका साथ देंगी।

अध्याय 1

हमारा विज़न: 3 गुना तरक्की का मिशन

हमारी ताकत... हमारा एजेंट दोस्त (डी.ओ.एस.टी.)... हर परिस्थिति में हमारा साथ देता है!

भाई! (बिजनेस पार्टनर)

आप हमारी इंडस्ट्री की रीढ़ और सहारा हैं, और हमेशा रहेंगे। आप ही वो सबसे अच्छे दोस्त हैं जो ग्राहकों को सप्लायर से और सप्लायर को ग्राहकों से जोड़ते हैं। आप दोनों, सप्लायर और ग्राहक के फैसले लेने को प्रभावित करने वाले अहम किरदार हैं। कई बार आप ही इंडस्ट्री में जानकारी के आदान-प्रदान का अहम जरिया भी बनते हैं।

हम मिलजुलकर काम और तरक्की करने में मानते हैं।

3 गुना तरक्की शायद एक दूर का सपना लगे, लेकिन डी.ओ.एस.टी. (हमारा एक खास कॉन्सेप्ट जो लक्षित तरक्की का रास्ता बनाता है) के साथ... और उससे भी आगे बढ़ा जा सकता है।

अब, डी.ओ.एस.टी. से हमारा क्या मतलब है...

डी = डाटा (Data)

ओ = ऑफरिंग (Offering)

एस = स्ट्रॉन्ग बैकग्राउंड (Strong Background)

टी = टेलर मेड (कस्टमाइज़्ड) रणनीति (Tailor Made Strategy)

हमारी बातचीत के दौरान, हमने महसूस किया कि हर किसी पर एक ही फॉर्मूला लागू नहीं किया जा सकता और सफल होने के लिए एक व्यापक ढांचे की आवश्यकता है। डी.ओ.एस.टी. फ्रेमवर्क के लागू होने से, हमें सफलता को लेकर निश्चिंत हैं, और हमें पूरा भरोसा है कि

आप यह कर सकते हैं...

अध्याय 2

चुनौतियाँ और यात्रा की योजना

हमारी टीम ने मुख्य चुनौतियों को लिखित में रखा है, और हम उनका समाधान खोजने की कोशिश कर रहे हैं ताकि हम आगे बढ़ सकें और अनंत संभावनाओं की ओर बढ़ सकें।

हमने जिन मुख्य चुनौतियों का समाधान खोजने की कोशिश की है वे हैं:

ग्राहक की समस्याएँ

- ❖ ग्राहक अपने खरीदे गए उत्पादों से संतुष्ट होना चाहता है (यह सुनिश्चित करना कि वह अपने स्टोर के लिए बेहतरीन उत्पाद खरीद रहा है) और इसके लिए वह विभिन्न स्टोर्स पर जाकर अलग-अलग उत्पादों की वैरायटी खरीदता है।
- ❖ जो स्थानीय सप्लायर्स से स्टॉक ले रहे हैं, उनके क्षेत्र में समान वैरायटी होने के कारण कम मुनाफा होता है और उत्पादों की विशेषता में समस्या आती है।
- ❖ प्रत्येक केटेगरी में कब और कितना खरीदना है?

सप्लायर की समस्याएँ

- बिक्री या ग्राहक फीडबैक के अनुसार सबसे अच्छी कलेक्शन बनाए रखना।
- **मार्केट में समान उत्पादः** मार्केट में कई दुकानदार एक ही उत्पाद बेच रहे होते हैं।
- **बिक्री वापसी (सेल्स रिटर्न):** कितने % तक सही है?
- बार-बार आने वाले ग्राहक
- कम मार्जिन - आरओआई (ROI)
- बचा हुआ स्टॉक (Dead Stock)

एजेंट की समस्याएँ

- **स्टाफ :** स्टाफ दूसरे एजेंसी में चला जाता है या अपनी खुद की एजेंसी शुरू कर लेता है। कई बार ऐसा होता है कि आपका ही स्टाफ आपका प्रतियोगी बनकर नई एजेंसी खोल लेता है और उन्हीं ग्राहकों को अपने साथ जोड़ने की कोशिश करता है। या फिर आपके कॉम्पिटिटर के साथ जुड़ जाता है, जिससे आपके ग्राहकों का डेटा उस एजेंसी तक शेयर हो जाता है।
- **समय पर कमीशन :** कमीशन तभी आएगी जब वह बकाया होगी, लेकिन आपको अपने स्टाफ के खर्चों का नियमित आधार पर ख्याल रखना होता है। मंदी के समय में ये खर्च बहुत परेशान करते हैं।

- **ग्राहक का रुख बदलना :** संपर्क में न रह पाने के कारण, यह संभावना बन जाती है कि ग्राहक आपके किसी प्रतियोगी एजेंसी के साथ जुड़ गया हो या उसने दिल्ली से खरीदारी करना छोड़ कर कहीं और से सोर्सिंग शुरू कर दी हो। ऐसे में आपका ग्राहक और व्यवसाय दोनों का नुकसान होता है।
- **उत्पादों की समझ :** उत्पादों की विविधता के बारे में समझ की कमी के कारण, आप बिक्री खो देते हैं, जो अन्यथा आपके प्रदर्शन को बढ़ा सकती थी।
- अगर हम पेमेंट के लिए रेगुलर फॉलो-अप (चेक) करते हैं तो ग्राहक से संबंध खराब हो जाता है, भुगतान मांगना मतलब संबंध खराब करना।
- ग्राहक अन्य शहरों में सीधे निर्माताओं से खरीदारी करने के लिए जा रहे हैं....क्यों?
- ग्राहक अपने दरवाजे पर या स्थानीय सप्लायर्स से सेवा प्राप्त कर रहे हैं।
- सप्लायर्स अन्य शहरों में अन्य थोक विक्रेताओं को बहुत कम कीमत पर बेचते हैं, जो बाद में खुदरा विक्रेताओं को दिल्ली की कीमतों से कम पर बेचते हैं, जिससे ग्राहक दिल्ली में नहीं आते।
- दुकान मालिकों पर खातों की सटीकता के बारे में भरोसा।

अध्याय 3

विकास की रणनीति

आज के कारोबारी माहौल में किसी भी संगठन को नियंत्रण बनाए रखने और विकास को गति देने के लिए मुख्य पहलू (DOST) इस प्रकार हैं:

1. **डाटा (DATA):** डेटा संचालित दृष्टिकोण के माध्यम से व्यापार की निगरानी करना।
2. **ऑफरिंग (OFFERINGS):** उत्पाद डिजाइनिंग, सेवा (सर्विस)
3. **मजबूत पृष्ठभूमि (विश्वास) (STRONG BACKGROUND (TRUST)):** सही समय पर, सही व्यक्ति को सही सेवा देने से विश्वास पैदा होता है।
4. **टेलर मेड (कस्टमाइज़्ड) रणनीति (TAILOR MADE STRATEGY):**
    - कार्य पैटर्न-व्यवहार, क्षेत्र विशेष, आवश्यकता आदि के आधार पर।
    - श्रेणी विशिष्ट (Category specific)
    - निरंतर कार्रवाई (Consistant action)

किसी भी व्यवसाय द्वारा सामना की जाने वाली अधिकांश समस्याओं का समाधान उपरोक्त मुख्य पहलुओं में से किसी एक या उनके संयोजन में मिल सकता है। आइए हम हर पहलू को समझने की कोशिश करें और देखें कि ये हमारे विकास की संभावनाओं को रोकने वाली समस्याओं को कैसे हल कर सकते हैं।

अध्याय 4

डाटा

डाटा: डेटा संचालित दृष्टिकोण के माध्यम से व्यापार की निगरानी

डाटा महत्वपूर्ण है...याददाश्त नहीं

यह आपको ग्राहक व्यवहार के विभिन्न पहलुओं को समझने में मदद करता है, और आप निम्नलिखित का विश्लेषण कर सकते हैं:

1. **ग्राहक का खरीद पैटर्न:** ग्राहक कब, क्या, कितना खरीदता है, इस यात्रा में उसे किस तरह का माल चाहिए होगा, ये सभी सवालों के जवाब डेटा में ही छिपे होते हैं। हम जितना डेटा को समझेंगे उतना ही अपने ग्राहक को बेहतर सुविधा दे पाएंगे, उसका काम ज्यादा और बेहतर करवा पाएंगे।

2. **समय:** ग्राहक कब खरीदारी करने आता है, वह अगली बार कब आना चाहिए... ये सब हम डेटा की मदद से आसानी से पता लगा सकते हैं। अगर वह सुबह जल्दी दिल्ली आता है, तो क्या करता है? होटल में जाकर फ्रेश होता है और मार्केट खुलने का इंतज़ार करता है?

इतने में हम उसे बता सकते हैं कि आपके मतलब के कौन से सप्लायर्स सुबह जल्दी काम शुरू करते हैं। इससे न केवल उसका काम जल्दी जाएगा बल्कि उसका बहुत सारा समय भी बच जाएगा और आज के व्यस्त समय में यही एक बेशकीमती धन है।

3. **खरीदारी चक्र की आवृत्ति:** क्या वह हर हफ्ते एक निश्चित दिन बाजार आता है? अगर दूर से आता है तो कितने दिनों में उसका चक्कर लगता है, ये सब जानकारियाँ डेटा में छिपी होती हैं। इससे हम ग्राहक के आने से पहले उसकी पसंद के माल की तैयारी करवा सकते हैं।

4. **एक विशिष्ट इलाके में नए ट्रेंड:** एक क्षेत्र में अगर आपके 5 ग्राहक हैं और उनमें से 2 ग्राहकों ने किसी विशेष तरह की पसंद की आवश्यकता बताई है तो हम बाकी ग्राहकों को भी उसके बारे में बता सकते हैं।

5. **नई वैराइटीज का लॉन्च:** डेटा हमें सूचित कर सकता है कि कौन सा ग्राहक किस प्रकार का माल अभी ज्यादा लेता है, बाजार में उस विशेष तरह के माल की आई नई वैरायटी के बारे उसे बता सकते हैं, व्हाट्सएप की मदद से ऑर्डर भी ले सकते हैं। आपकी यह जागरूकता ग्राहक का विश्वास आप में, आपकी टीम के प्रति बढ़ाती है।

6. **नजर से गायब मतलब दिमाग से भी गायब (आउट ऑफ साइट, आउट ऑफ माइंड):** जो लंबे समय से नजर में नहीं है, हो सकता है वो दिमाग में भी न हो। अगर आपका कोई ग्राहक बहुत लंबे समय से नहीं आया तो आपको जागरूक रहते हुए उससे संपर्क करना चाहिए, जो भी कारण होंगे वो सामने आ जाएंगे और आप तब फैसला ले पाएंगे की आगे क्या करना है। इस मामले में आपका डाटा बहुत महत्वपूर्ण भूमिका निभा सकता है।

7. **साल दर साल बिक्री की मात्रा:** आपका खाता किस ग्राहक के साथ बढ़ रहा है, नहीं बढ़ रहा है यह सब भी जानना बहुत जरूरी है, एक छोटा सा अंतर भी आपके ग्राहक को किसी दूसरे विकल्प की ओर ले जा सकता है।

8. **सबसे महत्वपूर्ण बात भुगतान पैटर्न:** ग्राहक कितने दिनों में भुगतान कर रहा है, उसके साथ आपकी क्या सहमति थी, अगर वह देरी कर रहा है तो सचेत होने की जरूरत है, हो सकता है कुछ तत्काल कार्रवाई भी लेनी हो, ऐसे में अगर डेटा आपको अलर्ट नहीं करता तो केवल याददाश्त से तो नुकसान भी हो सकता है। पैसा तो जाएगा ही, ग्राहक भी जा सकता है।

आप और भी कई विश्लेषण कर सकते हैं, क्योंकि संभावनाएँ अनंत हैं। जितना अधिक आप अपने डेटा का विश्लेषण करेंगे, उतना अधिक लाभ मिलेगा।

याददाश्त पर आधारित निर्णय अब पुराने जमाने की बात हैं, क्योंकि अधिकांश व्यवसाय इसी कारण सफल या असफल होते हैं। डेटा आधारित विश्लेषण की सटीकता याददाश्त से मेल नहीं खा सकती।

आपको सप्लायर्स के बारे में भी अपडेट रहने की आवश्यकता है, जैसे कि

1. **नए कलेक्शनः** नए कलेक्शन जो उन्होंने लॉन्च किये (हम आम तौर पर हर हफ्ते अपने कलेक्शन में लगभग 200 नए डिजाइन जोड़ते हैं।)

   हमारे उद्योग में नई चीजें लाना ही नियम है और नए उत्पादों की मांग कभी खत्म नहीं होती। अच्छे आपूर्तिकर्ता इस पहलू को काफी अहमियत देते हैं। उनके पास नियमित रूप से नई वैरायटी को लॉन्च करने की व्यवस्था होती है।

2. **आगामी सीजन की तैयारीः** आने वाले सीजन में चलन (ट्रेंड) का पूर्वानुमान लगाना और उसी के अनुसार वैरायटी लॉन्च करने की तैयारी करना हर आपूर्तिकर्ता के लिए जरूरी है। अपने सप्लायर के बारे में अपडेट रहने से आप अपने ग्राहक को उनकी जरूरतों के लिए मार्गदर्शन कर सकते हैं। आपूर्तिकर्ता के बारे में जितनी अधिक जानकारी रखेंगे, उतना ही आपके ग्राहक को फायदा होने की संभावना है।

3. **सीजन के दौरान मांग में अचानक बढ़ोतरी को पूरा करने की उनकी तैयारी:** कभी-कभी कोई उत्पाद या स्टाइल बाजार में बेहद लोकप्रिय हो जाता है। ऐसे में सभी ग्राहक उस उत्पाद की मांग करेंगे। ऐसे में, जो सप्लायर्स अपनी पाइपलाइन व्यवस्था में बदलाव कर लेते हैं और जरूरी मात्रा में उत्पाद जल्दी और थोक में दे सकते हैं, वे आपके लिए अच्छे होते हैं और आपके व्यापार को बढ़ाने में मददगार होते हैं।

4. **मात्रा में वृद्धि के अनुसार निवेश करने की उनकी वित्तीय क्षमता:** मजबूत वित्तीय समर्थन वाले सप्लायर्स अपने संचालन को बढ़ाने के लिए निवेश कर सकते हैं ताकि बढ़ती मांग को पूरा किया जा सके, जिससे उत्पादों की स्थिर आपूर्ति सुनिश्चित हो सके।

5. **आगामी ट्रेंड्स पर उनका शोध और उत्पादन लाइन समायोजन को सफलतापूर्वक लागू करने का उनका इतिहास:** जो सप्लायर्स लगातार शोध करते हैं और आगामी ट्रेंड्स की भविष्यवाणी करते हैं और अपनी उत्पादन लाइनों को तदनुसार समायोजित करने का साबित ट्रैक रिकॉर्ड रखते हैं, वे अमूल्य होते हैं। वे सुनिश्चित करते हैं कि आपकी इन्वेंटरी आपके ग्राहकों के लिए प्रासंगिक और आकर्षक बनी रहे।

6. **उनकी ग्राहक सेवा और विश्वसनीयता:** उत्कृष्ट ग्राहक सेवा वाले विश्वसनीय सप्लायर्स समय पर उत्तर प्रदान कर सकते हैं, समस्याओं का तेजी से समाधान कर सकते हैं और एक पारदर्शी संचार चैनल बनाए रख सकते हैं। यह विश्वसनीयता सुनिश्चित करती है कि आप महत्वपूर्ण समय के दौरान उन पर भरोसा कर सकते हैं, जिससे संचालन सुचारू रूप से चलता है और ग्राहक संतुष्टि बढ़ती है।

निष्कर्ष

इस इंडस्ट्री में लगातार बदलाव होता रहता है, इसलिए अपने सप्लायर्स के साथ अपडेट रहना महत्वपूर्ण है। नए कलेक्शन लॉन्च करने से लेकर मौसमी रुझानों की तैयारी, मात्रा वृद्धि को संभालने, वित्तीय स्थिरता सुनिश्चित करने और भविष्य के रुझानों पर शोध करने तक, विश्वसनीय आपूर्तिकर्ता आपके व्यवसाय की सफलता में महत्वपूर्ण भूमिका निभाते हैं। इन पहलुओं से अवगत रहकर, आप अपने ग्राहकों को बेहतर सेवा दे सकते हैं, प्रतिस्पर्धा में आगे रह सकते हैं और एक संपन्न व्यावसायिक वातावरण को बढ़ावा दे सकते हैं।

अध्याय 5

डिज़ाइन ऑफरिंग (उत्पाद): सप्लायर प्रबंधन

उत्पाद महत्वपूर्ण वृद्धि के लिए सबसे ताकतवर होते हैं। बाकी सभी चीजें सीधे या परोक्ष रूप से उत्पादों की बिक्री में मदद करती हैं।

सही समय और जगह पर सही तरह के उत्पादों का होना और बाकी सिस्टम्स का साथ मिलकर काम करना हमारे लक्ष्यों को पाने के लिए जरूरी है। संक्षेप में:

1. **ग्राहक की जरूरत के अनुसार माल मिले**

   जिस समय जो आवश्यकता हो, वो आइटम, जितना चाहते हैं उतनी मात्रा में मिले, ये हर ग्राहक चाहता है...

   क्या यह संभव है...जी हाँ...आप और हम मिलकर प्रयास करें तो 80 से 90% आवश्यकता पूरी की जा सकती है।

   ग्राहक की अधूरी आवश्यकता साझा करें, हम जल्दी से जल्दी माल मंगवाने का प्रयास करेंगे और माल आते ही डिस्पैच होगा। जितना जल्दी माल ग्राहक तक पहुंचेगा उतना ही जल्दी रिपीट ऑर्डर आएगा।

2. सही मूल्य बिंदु (Price Point)

सही माल भी अगर सही दर पर न हो तो परिणाम भी सही नहीं होगा। इसलिए मूल्य बिंदु भी बहुत महत्वपूर्ण है। अगर दर सही होगी तो दुकानदार उस माल को जल्दी बेच पाएगा और रिपीट ऑर्डर भी मांगेगा, जिसका मतलब है कि सभी के लिए व्यवसाय में वृद्धि होगी।

3. उस क्षेत्र में ट्रेंडिंग आइटम्स:

जो माल आज के फैशन का है, उस क्षेत्र में वह सबसे तेजी से बिकता है। मतलब, आपके ग्राहक के क्षेत्र में आज के माल ज्यादा बिक रहे हैं। अगर आप इसकी जानकारी रखते हैं और सप्लायर्स के साथ साझा करते हैं तो ग्राहक का माल ज्यादा और जल्दी बिकेगा, जिससे सभी को फायदा होगा।

4. नियमित रूप से छोटी खरीदारी बड़ी अनियमित खरीदारी से बेहतर है:

आप अपने ग्राहक को समझाएं कि दैनिक बिक्री को मॉनिटर करते हुए नियमित रूप से छोटी-छोटी खरीदारी करें। इसका फायदा यह है कि कोई वैरायटी उसके पास जल्दी से डंप नहीं होगी (डेड स्टॉक कम होगा) और जो वैरायटी जितनी बिक रही है, उसके अनुसार ही खरीदारी होगी। और हर समय नए डिज़ाइन, जो बाजार में आए हैं, उससे आपका

ग्राहक अपडेट रहेगा। पेमेंट के मामले में भी फायदा होगा, क्योंकि जितना माल बिका उतना ही रीफिल हो रहा है, इसका मतलब, ग्राहक पर कभी भुगतान का दबाव नहीं आएगा।

5. विश्वसनीय और अनुकूल सप्लायर्स:

सप्लायर की विश्वसनीयता आपको और ग्राहक को डिलीवरी और हर बार किए जा रहे वादों के बारे में आश्वस्त करती है। ऐसा नहीं होना चाहिए कि ऑर्डर ले लिया और माल मिल गया तो ठीक है, नहीं तो भूल जाओ।

इस मामले में ग्राहक आप पर भी अपना विश्वास खो देता है कि आपने ऐसे सप्लायर को ऑर्डर दिलवाया जो विश्वसनीय नहीं है। इससे न केवल उसकी बिक्री में नुकसान होता है बल्कि उसे और संसाधन ढूंढने पड़ते हैं (आपके माध्यम से या बिना आपकी भागीदारी के) जो उस माल की पूर्ति कर सके। इसलिए यह बहुत जरूरी है कि आप विश्वसनीय वेंडर के साथ ही काम करें।

फ्लेक्सिबिलिटी समय की जरूरत है। इसका मतलब है, वह सप्लायर अच्छा है जो ग्राहक की जरूरत के हिसाब से उत्पाद डिजाइन में बदलाव कर सके, डिलीवरी शेड्यूल, मात्रा को ग्राहक की मांग के हिसाब से प्रबंधित कर सके।

सेवा: प्रमुख तत्व

सेवा एक ऐसा घटक है जो एक साम्राज्य का निर्माण कर सकता है या सबसे शक्तिशाली ब्रांडों को भी नष्ट कर सकता है। इसमें किसी भी व्यवसाय को बनाने या बर्बाद करने की क्षमता है। ग्राहक संतुष्टि सीधे तौर पर सेवा प्रदाताओं के प्रयासों से जुड़ी होती है। यह हमारे व्यापार भागीदारों के साथ व्यवहार करने के तरीके का परिणाम है।

हम सेवा को कैसे परिभाषित करते हैं:

1. **ग्राहक की जरूरतों पर ध्यान देना**

   ग्राहक को यह विश्वास दिलाना जरूरी है कि उसकी बात सुनी जा रही है और उसकी आवश्यकताओं को अत्यधिक सावधानी से पूरा किया जाएगा।

2. **धैर्य से सुनना**

   कई बार ऐसा होता है कि ग्राहक को लगता है कि उसकी बात ठीक से नहीं सुनी जा रही है। इससे असंतोष पैदा होता है, जो हमारे विकास की संभावनाओं को बाधित करता है।

3. **ग्राहक को वर्तमान ट्रेंड्स के बारे में अपडेट करना**

   बाजार में उपलब्ध नई वैरायटीज या उस क्षेत्र में मांग में चल रहे नए आइटम्स के बारे में ग्राहक को अपडेट करना,

आपकी टीम में आपके ग्राहक के विश्वास को बढ़ाने में बहुत मदद करता है।

4. **नियमित फॉलो-अप:**

इससे न केवल फिर से बिक्री की संभावना बढ़ती है बल्कि आइटम्स के अटकने की संभावना भी कम होती है।

सहायता: आज के समय में सही वकिल्प चुनना कठनि है। आप ग्राहक को सही नर्िणय लेने, सही वकि्रेता चुनने, सही गुणवत्ता और सही डजि़ाइन चुनने में मदद कर सकते हैं।

अध्याय 6

स्टॉन्ग बैकग्राउंड (ट्रस्ट) मजबूत रिश्तों के फायदे

किसी भी सफल व्यवसाय की नींव भरोसा होता है। यह रिश्तों को जोड़ने वाला गोंद है, साझेदारी को जगाने वाली चिंगारी है और वह आधार है जिस पर साम्राज्य खड़े होते हैं। भरोसे के बिना, अच्छे-अच्छे बिज़नेस भी चूर-चूर हो सकते हैं।

आज की तेज रफ्तार वाली व्यापार दुनिया में, हम लगातार कई तरह के रिश्तों को संभाल रहे हैं - व्यक्तिगत और व्यावसायिक, अल्पकालिक और दीर्घकालिक। लेकिन क्या आप जानते हैं कि हमारा दिमाग किसी भी समय सीमित संख्या में ही संबंधों को संभाल सकता है? प्रसिद्ध मानव विज्ञान संबंधी अवधारणा, डनबर की संख्या, बताती है कि हम अधिकतम 150 सार्थक संबंध बनाए रख सकते हैं। और स्पष्ट रूप से कहें तो इनमें से अधिकांश व्यक्तिगत संबंध होते हैं, जिससे व्यावसायिक संबंधों के लिए केवल कुछ ही बचे रहते हैं।

ईमानदारी: विश्वास की रीढ़

ईमानदारी अपनी बात पर कायम रहने, प्रतिबद्धताओं को पूरा करने और अपने मूल्यों पर चलने के बारे में है। जब आप ईमानदारी के साथ काम करते हैं, तो आप ऐसी प्रतिष्ठा बनाते हैं जो आपसे पहले पहुंचती है। लोग जानते हैं कि वे आप पर भरोसा कर सकते हैं, और यह व्यापार में एक अमूल्य संपत्ति है

विश्वसनीयता: निरंतरता की कुंजी

विश्वसनीयता लगातार उपस्थित होने, वादों को पूरा करने और उच्च स्तर की गुणवत्ता बनाए रखने के बारे में है। जब आप विश्वसनीय होते हैं, तो लोग भरोसा करते हैं कि आप हर बार काम पूरा कर लेंगे।

निरंतरता: उत्कृष्टता की पहचान

निरंतरता दिन-ब-दिन उच्च स्तर का प्रदर्शन बनाए रखने के बारे में है। जब आप निरंतर होते हैं, तो लोग जानते हैं कि आपसे क्या उम्मीद की जाए, और इससे भरोसा बनता है।

मजबूत रिश्तों के फायदे

तो, जब आप भरोसे की ठोस नींव के साथ मजबूत रिश्ते बनाते हैं तो क्या होता है?

❖ आप सहयोगियों, ग्राहकों और टीम के सदस्यों का एक वफादार नेटवर्क प्राप्त करते हैं जो आपके दृष्टिकोण में विश्वास करते हैं।

- आप नए अवसरों, सहयोगों और व्यापारिक सौदों को आकर्षित करते हैं।
- आप एक ऐसी प्रतिष्ठा बनाते हैं जो नए बाजारों और उद्योगों के लिए दरवाजे खोलती है।
- आपको तनाव और चिंता कम होती है, यह जानते हुए कि आपके पास एक समर्थन प्रणाली है।
- आप अपने आत्मविश्वास को बढ़ाते हैं, यह जानते हुए कि आपके पास एक ठोस नींव है।

व्यवसाय में भरोसे की ताकत

भरोसा व्यापार में एक शक्तिशाली उत्प्रेरक है। यह:

- निर्णय लेने और समस्या समाधान में तेजी लाता है।
- रचनात्मकता और नवाचार को बढ़ाता है।
- सकारात्मक कार्य संस्कृति और कर्मचारी जुड़ाव को बढ़ावा देता है।
- वफादारी और प्रतिधारण को प्रोत्साहित करता है।

भरोसा कैसे बनाएं

तो, व्यापार में विश्वास कैसे बनाएं? यहाँ कुछ व्यावहारिक सुझाव हैं:

- सभी बातचीत में पारदर्शी और ईमानदार रहें।

- प्रतिबद्धताओं का पालन करें और विश्वसनीयता बनाए रखें।
- नियमित रूप से उपस्थित हों और उच्च गुणवत्ता का काम करें।
- प्रभावी ढंग से संवाद करें और सक्रिय रूप से सुनें।
- कमजोर और प्रामाणिक बनें, अपनी कहानी और मूल्य साझा करें।

निष्कर्ष

विश्वास का निर्माण एक यात्रा है, गंतव्य नहीं। इसमें समय, प्रयास, और निरंतरता की आवश्यकता होती है। लेकिन इसके पुरस्कार बहुत मूल्यवान हैं - एक वफादार नेटवर्क, एक ठोस प्रतिष्ठा, और एक व्यापार जो फलता-फूलता है। याद रखें, विश्वास किसी भी सफल व्यापार की नींव है। इसे मजबूत बनाएं, और आप वर्षों तक इसके लाभ प्राप्त करेंगे।

अध्याय 7

टेलर मेड (कस्टमाइज़्ड) रणनीति

किसी भी महत्वपूर्ण लक्ष्य को हासिल करने के लिए, रणनीति महत्वपूर्ण भूमिका निभाती है। "एक साइज़ सभी को फिट नहीं होता"। इसे ऐसे समझ सकते हैं जैसे दर्जी एक ही ड्रेस को अलग-अलग लोगों के लिए अलग-अलग नाप से बनाता है, वैसे ही हर ग्राहक को समझ कर उसके हिसाब से ही रणनीति बनानी होती है। इन रणनीतियों को हम काम के हिसाब से अलग-अलग कर सकते हैं:

1. **काम का तरीका-व्यवहार, क्षेत्र विशिष्ट, आवश्यकता आदि:** सीधे तौर पर देखा जाए तो ग्राहक के व्यवहार से हम अनुमान लगा सकते हैं कि उसके साथ कैसे व्यवहार करना है। उदाहरण के लिए, वह एक जगह बैठकर ही अधिकांश काम करना चाहता है या वह अलग-अलग जगह जाना अधिक पसंद करता है। क्षेत्र के हिसाब से भी बहुत फर्क पड़ता है कि उसे किस तरह का माल चाहिए होगा। आदि।

2. **श्रेणी विशिष्ट:** ग्राहक किस रेंज में माल लेता है, किसी विशेष तरह के माल में ही रुचि रखता है आदि।

3. **नियमित कार्यवाही:** कोई भी कार्यवाही जब तक नियमित नहीं होगी, आपके परिणाम भी नियमित नहीं होंगे। स्थायी वृद्धि के लिए नियमितता सबसे बड़ा फैक्टर होता है। जैसा की एकक कहावत है:

करत-करत अभ्यास के जडमति होत सुजान।

रसरी आवत-जात ते सिल पर परत निशान॥

अर्थ: अभ्यास से तो अज्ञानी, अगुणी व्यक्ति भी सफलता पा सकता है, हम सब तो नियमित प्रयास से बहुत बेहतर कल का निर्माण कर सकते हैं।

अध्याय 8

कार्रवाई योग्य कदम

1. **अपने डेटा का प्रबंधन और समीक्षा नियमित रूप से करें:** ऐसा करने से सतर्कता बढ़ती है और सतर्क रहने से त्रुटियों की संभावना कम हो जाती है। उदाहरण के लिए, अगर आपका कोई ग्राहक अपने निर्धारित समय पर नहीं आया, और आप सतर्क हो जाते हैं, उससे बात करते हैं, तो...

- ❖ उसकी न आने की वजह पता चल जाएगी, अगर कोई संदेह हो तो आप विजिट प्लान कर सकते हैं, उसके मन में कोई बात हो तो स्पष्ट कर सकते हैं। इससे "आउट ऑफ साइट" वाला मुद्दा कभी पैदा नहीं होगा।
- ❖ यदि उसकी निकलने की स्थिति नहीं है पर माल की आवश्यकता है तो उसकी आवश्यकता को समझकर आप माल की पूर्ति करवा सकते हैं। इस तरह से आप बिक्री के नुकसान को रोकते हैं और अपनी सर्विस से ग्राहक के मन में विश्वास को बढ़ाते हैं। ऐसे समय में जब वह नहीं आ पा रहा हो, तब, आपके सपोर्ट से न केवल उसकी आवश्यकता पूरी हुई बल्कि पुनः ऑर्डर के अवसर भी बढ़ गए।

2. **डेटा का वर्गीकरण और विश्लेषण के लिए व्यवस्थित करना:** जिस समय जिस जानकारी की ज़रूरत हो, वह तुरंत मिलनी चाहिए। सही समय पर ही सही जानकारी काम आती है। अगर कोई देखे कि पिछले 3 साल से कोई विशेष ग्राहक नहीं आ रहा है, तो शायद पहले ही बहुत देर हो चुकी है। उस ग्राहक का 3 साल का व्यापार पहले ही खो चुका है और शायद ग्राहक भी। लेकिन अगर हमें ग्राहक की विजिट साइकिल का पता होता और हम सतर्क रहते तो यह नौबत ही नहीं आती।

3. **नियमित रूप से ग्राहकों के वित्तीय स्वास्थ्य और प्रदर्शन का जांच करना:** यह आपको उन ग्राहकों पर ध्यान केंद्रित करने में सक्षम करेगा जो बाजार से बेहतर प्रदर्शन कर रहे हैं और अपने व्यवसाय में विस्तार की योजना बना रहे हैं और दूसरी तरफ आप उन ग्राहकों को सतर्क कर सकेंगे जो अपना रास्ता खो रहे हैं। इस तरह आप कई व्यवसायों को बचाने में मदद कर सकते हैं और खुद को भी शर्मनाक स्थिति से बचा सकते हैं।

4. **सही आपूर्तिकर्ताओं का चयन:** यह क्षेत्र बहुत महत्वपूर्ण है, क्योंकि अधिकांश ग्राहक अपनी आवश्यकताओं को पूरा करने में आपका मार्गदर्शन लेने पर निर्भर करते हैं।

एक अच्छा आपूर्तिकर्ता...

- किसी भी समय ज़रूरत से ज़्यादा बिक्री करने की कोशिश नहीं करेगा, बल्कि ग्राहक की पसंद और भौगोलिक प्राथमिकताओं के आधार पर उत्पादों की सिफारिश करेगा।
- सही और ट्रेंडिंग वेरायटी प्रदान करके ग्राहक की अधिकतम आवश्यकताओं को पूरा करने की कोशिश करेगा।
- ग्राहक के साथ विश्वास और आत्मविश्वास का निर्माण करेगा, केवल वस्तुओं का प्रदर्शन करने में जल्दबाजी नहीं करेगा।
- सीधे बिक्री के लिए दबाव डालने के बजाय ग्राहक को सहज महसूस कराएगा।
- नए ट्रेंड्स पर चर्चा करने, ग्राहक की आवश्यकताओं पर नए उत्पादों के विकास पर काम करने के लिए तैयार रहेगा।
- ग्राहक की पसंद के आधार पर अपने ऑफरिंग्स में नए अपडेट करने के लिए तैयार रहेगा, साथ ही किसी भी संशोधन के बारे में सुनने के लिए तैयार रहेगा जो किसी विशेष ग्राहक या ग्राहकों के सेट के लिए वस्तुओं को अधिक उपयुक्त बनाने के लिए आवश्यक हो।

- आपकी अनुपस्थिति में ग्राहक के साथ एक मार्गदर्शक की भूमिका निभाने के लिए तैयार रहेगा, और ग्राहक को उतना ही सुरक्षित और खुश महसूस कराएगा जितना कि वह आपकी कंपनी में होता।

जैसा कि पुरानी कहावत है, सभी रास्ते रोम की ओर जाते हैं, हम विश्वास के साथ कह सकते हैं कि ऊपर चर्चा की गई कोई भी रणनीति हमें तेज रफ्तार से विकास के रास्ते पर ले जाएगी, लेकिन, अगर हम सभी इन दिशानिर्देशों को अपने सिस्टम में लागू करने का फैसला करते हैं तो 3 गुना (ट्रिपल) तो एक छोटी संख्या है।

साथ मिलकर...

हम यह कर सकते हैं...

और हम यह करेंगे...

संक्षेप में:

अगर डी.ओ.एस.टी. साथ है तो जीत पक्की!

इस किताब के लक्ष्य

इस किताब का मुख्य लक्ष्य व्यवसाय वृद्धि के लिए एक व्यापक रूपरेखा प्रदान करना है। इस किताब में बताई गई रणनीतियों का पालन करके, आप ट्रैफिक बढ़ा सकते हैं, अपनी विश्वसनीयता बना सकते हैं और अपने व्यवसाय को आगे बढ़ाने में मदद कर सकते हैं। यह किताब प्रैक्टिकल और कार्यान्वयन योग्य है, जो ऐसे विचार पेश करती है जिन्हें लागू करके वास्तविक परिणाम प्राप्त किए जा सकते हैं।

एक और महत्वपूर्ण लक्ष्य है आपको प्रेरित और प्रोत्साहित करना ताकि आप कुछ बेहतर कर सकें। इस किताब में चर्चा की गई रणनीतियाँ केवल सिद्धांत नहीं हैं, बल्कि ये व्यावहारिक समाधान हैं जिन्हें परखा और सिद्ध किया गया है। इन रणनीतियों को लागू करके, आप समान सफलता प्राप्त कर सकते हैं और बाजार में अपनी धाक जमा सकते हैं। यह किताब आपकी सफलता की रोडमैप है, जो आपको हर कदम पर मार्गदर्शन देती है।

प्रतिष्ठा (अथॉरिटी) का महत्व

हमारी इंडस्ट्री में प्रतिष्ठा स्थापित करना दीर्घकालिक सफलता के लिए बहुत महत्वपूर्ण है। यह विश्वास बनाता है, ग्राहकों को आकर्षित करता है, और आपको प्रतिस्पर्धा से अलग करता है। जब ग्राहक आपको एक विशेषज्ञ के रूप में देखते हैं, तो वे आपके उत्पादों और सेवाओं पर अधिक विश्वास करते हैं। यह विश्वास ग्राहक निष्ठा, बार-बार आने वाले व्यापार, और सकारात्मक बातचीत में बदलता है।

प्रतिष्ठा केवल विशेषज्ञ के रूप में पहचाने जाने के बारे में नहीं है; यह लगातार मूल्य प्रदान करने और संबंध बनाने के बारे में है। यह किताब आपको सिखाएगी कि अपनी इंडस्ट्री में प्रतिष्ठा कैसे स्थापित करें। एक मजबूत ब्रांड बनाने से लेकर डेटा और विचारों का उपयोग करने तक, आप उन रणनीतियों के बारे में जानेंगे जो आपको अपने क्षेत्र में एक मान्यता प्राप्त विशेषज्ञ बनाने के लिए जरूरी हैं।

चाय पर चर्चा!

अब जब आप इस यात्रा के अंत पर हैं, तो दो रास्ते आपके सामने हैं। पहले, इस किताब में दिए गए सुझावों को अपने व्यवसाय में अपनाएं और बदलाव देखें।और या तोअगर आपके कुछ ऐसे सवाल हैं जिनके जवाब किताब में नहीं थे और आप उनपर चर्चा करना चाहते हैं तो आपका हार्दिक अभिनंदन हैं, उम्मीद है आपको चाय पसंद होगी! नीचे दिए गए मेल एड्रेस पर आप हमें मेल कर सकते हैं हम जल्द ही आपकी मेल का रिप्लाई करेंगे।

ईमेल आईडी:

चलिए, मिलकर इस यात्रा को और दिलचस्प बनाते हैं!

कैसे हुई थी शुरुआत

कैसे शुरू हुआ था तेजू फैशन और 1980 में कैसे आया था बड़ा बदलाव, जब आपने सिर्फ कपड़े बेचने के बजाय बिना सिले 3-पीस सूट बेचना शुरू किया था।

टेक्नोलॉजी का इस्तेमाल

इस बारे में बताएं कि कैसे आप 2006 में अपने उद्योग में सबसे पहले बारकोड मूल्य निर्धारण का उपयोग करने वालों में से एक थे, और इसने आपके व्यवसाय को कैसे मदद पहुंचाई।

व्यापार को आगे बढ़ाना

आपने एक छोटी सी दुकान से एक प्रसिद्ध ब्रांड बनने के लिए जो कदम उठाए, उन्हें बताएं। आप अपने ग्राहकों को कैसे समझते थे और आप अपने उत्पादों में लगातार सुधार कैसे करते रहे, इस बारे में बात करें।

एक भरोसेमंद ब्रांड बनाना

अपने ब्रांड नाम को पंजीकृत करने के महत्व पर चर्चा करें और बताएं कि इसने आपके व्यवसाय को सुरक्षित रखने और बढ़ाने में कैसे मदद की। लोगों का भरोसा जीतने वाला ब्रांड कैसे बनाएं, इस पर सुझाव साझा करें।

चुनौतियों का सामना करना

मुश्किल समय के बारे में कहानियां बताएं, जैसे कि बहुत अधिक प्रतिस्पर्धा या बाजार में बदलाव का सामना करना, और आपने कैसे चलते रहने का प्रबंधन किया।

एक टीम के रूप में साथ काम करना

आप और आपके भाई कैसे साथ मिलकर काम करते हैं और व्यापार में एक अच्छी टीम होना कितना महत्वपूर्ण है, इस बारे में बात करें। टीम का नेतृत्व करने पर अपने विचार साझा करें।

ग्राहकों और डीलरों के साथ संबंध

आपने अपने उत्पादों को खरीदने और बेचने वाले लोगों के साथ मजबूत संबंध कैसे बनाए हैं, इसे बताएं। इन रिश्तों में भरोसा इतना महत्वपूर्ण क्यों है, इस पर प्रकाश डालें।

भविष्य की ओर देखना

आप भविष्य में एथनिक वियर के बाजार को कहां जाते हुए देखते हैं और तेजू फैशन कैसे शीर्ष पर रहने की योजना बना रहा है, इस पर अपने विचार साझा करें।

नए व्यापार मालिकों के लिए सलाह

अपना खुद का व्यवसाय शुरू करने वाले लोगों को सलाह दें। इसमें जोखिम से निपटने, धन का प्रबंधन करने और व्यवसाय बढ़ाने के सुझाव शामिल करें।

व्यक्तिगत कहानियां

व्यापार चलाने के मानवीय पक्ष को दिखाने वाली व्यक्तिगत कहानियां और विचार शामिल करें। ये आपके पाठकों को प्रेरित कर सकते हैं और उन्हें मूल्यवान सबक सिखा सकते हैं।